Mach was aus Wolle
... mit Tipp, dem Bastelzwerg

Tipp

Angelika Wolk-Gerche

Mach was aus Wolle ... mit Tipp, dem Bastelzwerg

Verlag Freies Geistesleben

Sofern nicht anders angegeben sind die Skizzen in Originalgröße abgebildet!

ISBN 3-7725-1952-0

1. Auflage 2000
Verlag Freies Geistesleben
Landhausstraße 82, 70190 Stuttgart
Internet: www.geistesleben.com

Fotos: Wolpert & Strehle, Stuttgart
Angelika Wolk-Gerche, Winterbach
Druck: Brepols N.V., Turnhout, Belgien

Inhalt

WOGE 2000

1. Begrüßung

Hallo, ich grüße euch! Mein Name ist Tipp, der Bastelzwerg.
Allen, die gern werkeln, basteln und gestalten zeige ich heute, was man aus Wolle alles «zaubern» kann. Passend zum Thema seht ihr mich hier auf dem Rücken meines Reitschäfchens «Polly». Auf Pollys Körper und dem ihrer Artgenossen wächst diese wunderbare Faser, die wir «Wolle» nennen. In England sagt man «wool», in Frankreich «laine» und in Italien zum Beispiel «lana».
Das Hochland von Mesopotamien mit seinen weitläufigen Hoch- und Weideflächen soll die Urheimat der Schafe sein. Alten Berichten zufolge hat man schon vor 7000 Jahren in Ägypten Wolle verarbeitet. Sicher haben Schafe im Laufe der Jahrtausende unzähligen Menschen eine Lebensgrundlage gegeben und sie mit ihrer Wolle vor dem Erfrieren geschützt.

Bis heute gibt es nichts, was sich wirklich mit Wolle vergleichen lässt. Sie wirkt wie eine natürliche Klimaanlage, im Winter speichert sie Wärme und im Sommer schützt sie vor Überhitzung. Wolle weist Schmutz und Bakterien ab. Sie kann auch sehr viel Feuchtigkeit aufnehmen, ohne dass diese an die Haut gelangt. Wenn man dagegen schwitzt, transportiert die Wolle die Feuchtigkeit schnell nach außen. So bewahrt sie den Träger, ob Schaf oder Mensch, vor Erkältungen.
Wie unglaublich vielseitig Wolle als Werkmaterial ist, ob in gesponnenem oder ungesponnenem Zustand, seht ihr gleich beim Durchblättern. Es macht sehr viel Spaß, damit zu experimentieren und nützliche und dekorative Sachen, Spielzeug und Bilder aus Wolle herzustellen.
Am Schluss des Büchleins gibt es dann noch eine besondere Überraschung. Dort könnt ihr nämlich lernen, so einen Kerl wie mich selbst zu machen, natürlich aus Wolle!

2. Der Tipp-Wollkorb

Bevor du anfangen kannst mit deinen «Wollwerken», musst du dir natürlich einen Vorrat mit verschiedenen Wollsorten anlegen. Frag alle, die du kennst, nach Wollresten vom Stricken, da kann schnell etwas zusammenkommen. Wenn du in einem Wollgeschäft eine besonders schöne Farbe entdeckst, wird deine Mutter sie sicher für dich kaufen! Dann brauchst du noch einen Behälter, am besten einen Korb für dein Material, so ist immer alles fein beisammen. Es sollten noch eine Schere, dein Strickpilz, eine Nadel mit großem Öhr, etwas Blumendraht, eine kleine Zange und ein Lineal darin Platz finden.

Mein Wollkorb übrigens ist aus Weidenruten geflochten und das Erstlingswerk einer Schülerin. Daher ist er auch nicht so ganz gleichmäßig geworden. Aber das macht nichts! Als sie ihn mir schenkte, lagen schon ein paar bunte Wollknäuel darin. Ungesponnene, kardierte (gekratzte, egalisierte) Wolle in Naturtönen habe ich bei einer Schäferin gekauft. Märchenwolle gibt es in Naturwaren- und Naturspielzeugläden und manchmal auch auf Bazaren der Waldorfschulen und -kindergärten. Als Märchenwolle bezeichnet man ungesponnene, kardierte, mit Pflanzensäften gefärbte Wolle. Sie ist besonders schön und wertvoll.

Hier siehst du nun den echten, bis oben hin gefüllten Tipp-Wollkorb abgebildet. Kriegt man da nicht richtig Lust, hineinzugreifen und anzufangen?

3. Der Strickpilz

Wahrscheinlich hast du auch schon einen Strickpilz oder eine Strickliesl. Das ist ja ein pfiffiges kleines Gerät, mit dem man ellenlange, rundgestrickte Schnüre herstellen und gleichzeitig Wollreste verbrauchen kann. Immer wenn dir langweilig ist, weil du vielleicht irgendwo warten musst oder in der Bahn sitzt, kannst du deinen Strickpilz herausholen und einige «Runden drehen».

Wenn du schon ein Stück gestrickt hast und eine neue Farbe nehmen möchtest, lass den Anfang des neuen Fadens über 2 – 3 Ösen (Maschen) mit dem alten Faden mitlaufen. Dann werden also 2 Fäden überzogen. Eine Runde darüber stricken und dann erst den alten Faden abschneiden. Fadenenden im Inneren des Schlauches verschwinden lassen. Wenn man fertig ist, schneidet man den Faden nicht zu knapp ab. Dann wird er in eine Nadel mit großem Öhr eingefädelt und durch die 4 letzten Maschen gezogen. Das Fadenende, auch vom Anfang der Schnur, nach innen ziehen.

Allzweckschnüre

Allzweckschnüre kann man immer gebrauchen. Diese hier sind zum Beispiel 3 Meter lang und passen noch in die Hosentasche. Man kann auch mit ihnen Seilspringen. Wie stabil diese Strickschläuche sind, kannst du dir sicher denken!

Puppenteppiche

Wer seine Wollschnüre zu einer flachen Schnecke aufdreht und an der Unterseite zusammenheftet, bekommt einen ganz besonderen Puppenteppich. Wir haben für einen Teppich fast 5 Meter Schlauch verbraucht. Da muss man schon eine Weile fleißig stricken!

Schnecken, Schlangen und Blumen

Schnecken

Material und Werkzeug: Strickschlauch, 50 – 60 cm lang, Draht (Zum Beispiel Blumenbindedraht), etwa 3 cm länger als der Strickschlauch, 2 kleine Glasperlen, kleine Zange, Nadel und Faden

Den Draht durch das Innere des Strickschlauches schieben. Den Anfang des Drahtes zu einer kleinen Öse umbiegen, so lässt er sich besser durchschieben. Am Anfang und am Ende des Strickschlauches sollte der Draht ungefähr 1,5 cm herausschauen. Auf die beiden Drahtenden je eine Perle stecken, dann die Enden mit einer kleinen Zange knapp umbiegen und verdrehen, das sind die Hörnchen der späteren Schnecke. Den biegsamen Schlauch genau in der Mitte knicken und doppelt legen, so dass Hörnchen neben Hörnchen liegt. An der geschlossenen Seite

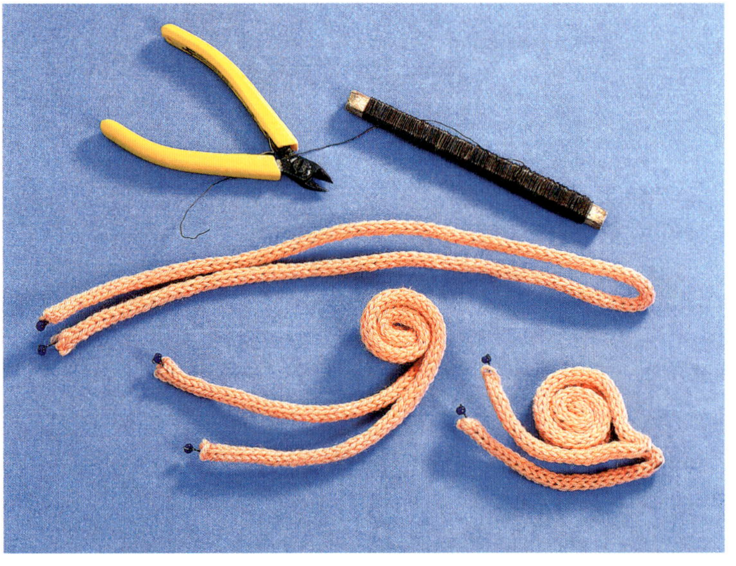

So biegt man eine Wollschnecke.

angefangen, den Schlauch aufrollen wie eine Schneckennudel, so entsteht das Haus. Hinten ein Stück als Schwanzende zusammendrücken. Die Kopfseite mit den perlenbesetzten Hörnchen zurechtformen. Mit wenigen Stichen die beiden Körperteile an der Unterseite zusammenheften und mit 3 – 4 Stichen auch am Haus befestigen – und fertig ist deine drollige Wollschnecke!

Schlangen

Die bunte Schlange macht sich gut auf der Fensterbank, wenn man ihr ein kleines Biotop aus Steinen und Pflanzen baut. Dank des Drahtes in ihrem Inneren kannst du ihre Form immer wieder verändern. Auch als ein ungewöhnlicher Armschmuck ist sie zu gebrauchen, wenn sie sich eng um dein Handgelenk ringelt!

Material und Werkzeug:
Strickschlauch, 40 cm lang, Blumendraht, Zange, Nadel und Faden, etwas roten Filz und 2 Glasperlen.

Der Draht sollte ein wenig länger sein als der Strickschlauch, denn die Drahtenden werden nach dem Durchschieben etwas umgebogen, damit man sich nicht daran verletzt. Zum Durchschieben den Anfang des Drahtes zu einer kleinen Öse biegen, dann rutscht er besser. Dann den Schlangenkopf biegen und die Perlen als Augen aufnähen. Den Faden noch nicht abschneiden, sondern zum Annähen der Zunge verwenden. Die Zunge besteht aus einem schmalen roten Filzstreifen. Schneide vorn ein Dreieck heraus, damit die typische gespaltene Schlangenzunge entsteht. Nun kannst du deine Schlange in alle möglichen Formen biegen.

Blumen

Material und Werkzeug:
Strickschlauch von etwa 40 cm Länge, dünnen Draht, Zange

Stricke mit deinem Strickpilz zuerst ein 13 cm langes Stück aus grüner Wolle (Stiel der Blume). Schließe daran ein 25 cm langes Stück in Rot, Blau oder Weiß an (Blüte). Zum Schluss stricke noch ein etwa 2 cm langes Stück (oder 8 Runden) in Gelb (Blütenmitte). Führe den Draht, wie bereits bei den Schnecken und Schlangen beschrieben, durch den Wollschlauch.

Nun kannst du die Blüte formen. Sie soll 5 Blütenblätter bekommen. Beginne am Stielansatz, dort, wo der grüne Stiel in die Blütenfarbe übergeht, und biege das erste Blatt. Dann folgen die anderen 4. Wenn es nicht auf Anhieb klappt, biege alles wieder zurück und fang noch einmal an. Schließlich sollen aus den 25 cm ja 5 gleiche Blütenblätter entstehen. Ist das geschafft, das letzte Stück, die gelbe Blütenmitte, einmal um den Stielansatz schlingen und, von unten kommend, in der Mitte der Blüte herausschauen lassen. Hier eventuell noch ein wenig umbiegen. Die Blüte ist nun ganz fest. Jetzt kannst du deinen Pullover damit schmücken, oder du machst einen ganzen Strauß und stellst ihn in eine Vase. Auch ein Geschenk lässt sich damit verschönern.

Den Draht durch den Strickschlauch führen, dann die Blüte biegen.

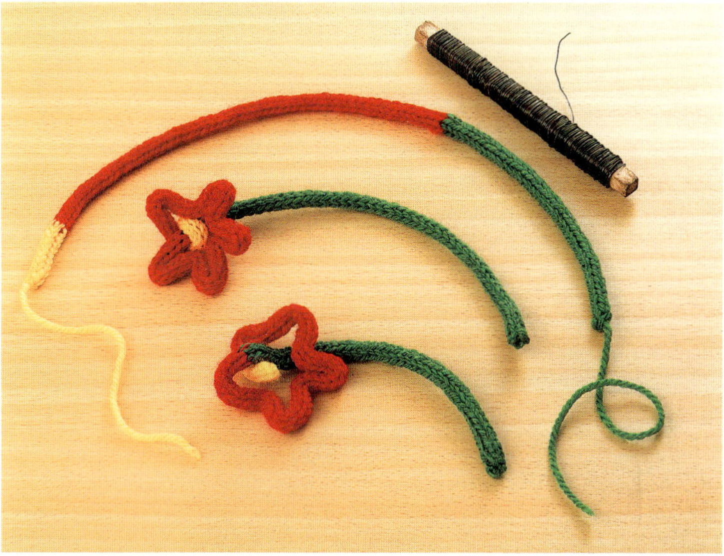

4. Alles aus Wollfäden

Malen mit Fäden im Stil der Maya

Die Maya, ein altes indianisches Andenvolk, kultivierten schon seit alten Zeiten Alpakas und Schafe. Daher ist es nicht weiter verwunderlich, dass bei den Maya die Verarbeitung der Wolle und damit die Textilkunst schon früh von großer Bedeutung war. Eine von vielen textilen Techniken der Maya ist das «Malen mit Wollfäden». Man verwendet dazu dünne Fäden in leuchtenden Farben, die dicht an dicht auf einen Kartonuntergrund geklebt werden. Diese Bilder zeigen Szenen aus dem alltäglichen Leben: Die Arbeit auf dem Feld und im Garten, spielende Kinder, Markttreiben und auch religiöse Feste.
Du kannst auch einmal probieren, auf deine Art mit Wollfäden ein Bild zu «malen». Ein wenig Geduld und Sorgfalt musst du dafür schon aufbringen. Lass dir deshalb ein paar Tage Zeit.

Material und Werkzeug:
Bunte Wollfäden, Tonkarton in einer Farbe, die zu den Wollfäden passt, Schere, Bleistift, Alleskleber

Schneide zuerst aus dem Tonkarton ein Rechteck aus, etwas größer als das gewünschte Bild. Die Wollfäden sollen später nämlich nicht ganz bis zum Rand des Kartons geklebt werden. Es sieht einfach besser aus, wenn rund um das Motiv noch ein Streifen frei bleibt. Meine Bilder haben zum Beispiel folgende Maße: Tonkarton 26 x 18 cm, Bildmotiv 21 x 15 cm. Du kannst den Rand mit Bleistift anzeichnen, damit du dich später besser orientieren kannst. Zeichne dann dein Motiv oder Muster großzügig auf den Karton. Zeichne nicht zu viele Einzelheiten, vielleicht sind sie nachher viel zu schwierig auszuführen, und außerdem schränken sie dich ein. Jetzt stell dir vor, die bunten Wollfäden wären Pinsel- oder Buntstiftstriche. Diese «Wollstriche» werden nun dicht an dicht aufgeklebt. Es ist wichtig, dass keine größeren Spalten zwischen den Fäden bleiben, durch die der Karton zu sehen ist. Schiebe deshalb den neuen Faden immer gut gegen den vorhergehenden. Streiche den Klebstoff satt auf den Karton, aber immer nur so viel, wie du für die nächsten 2 – 3 Fadenreihen brauchst. Gib Acht, dass deine Finger nicht völlig verkleben, und rubbel den angetrockneten Klebstoff zwischendurch von den Fingern ab. Sonst hebst du die Fäden immer wieder aus Versehen ab, weil sie an deinen Fingern hängen bleiben. Zum Schluss kannst du das ganze Motiv noch mit 2 – 4 Fadenreihen umrunden und ihm so einen Rahmen geben.
Na, war das schwer? Nun sollte das Wollgemälde aber einen besonders schönen Platz in deinem Zimmer bekommen.

Der Chinesenzopf

Voraussetzung hierfür ist, dass du schon gut einen ganz normalen Zopf mit drei Fäden flechten kannst. Chinesenzöpfe werden mit mindestens 4 Fäden oder 4 Fadenbündeln geflochten. Wer geschickt oder fortgeschritten ist, kann 6 oder 8 Fäden oder Fadenbündel nehmen. Wenn man sehr locker flechtet, entsteht ein breiter, flacher, weicher Zopf, wie zum Beispiel das Lesezeichen. Armbänder werden ganz fest geflochten. Deshalb sind sie schmaler und fester. Es ist kaum zu glauben, aber die abgebildeten Armbändchen und das Lesezeichen haben die gleiche Fadenanzahl.
Als Hilfsmittel zur Arbeitserleichterung empfehle ich dir ein Brett, in das du oben einen Nagel einschlägst. Um diesen Nagel werden später die Fäden gelegt, so dass du sie beim Flechten mühelos alle in der gleichen Spannung halten kannst. Das ist sehr wichtig, wenn man einen gleichmäßigen Zopf haben möchte. Schau dir dazu die Abbildungen an.

Zunächst legt man die sortierten Fäden um einen Nagel.

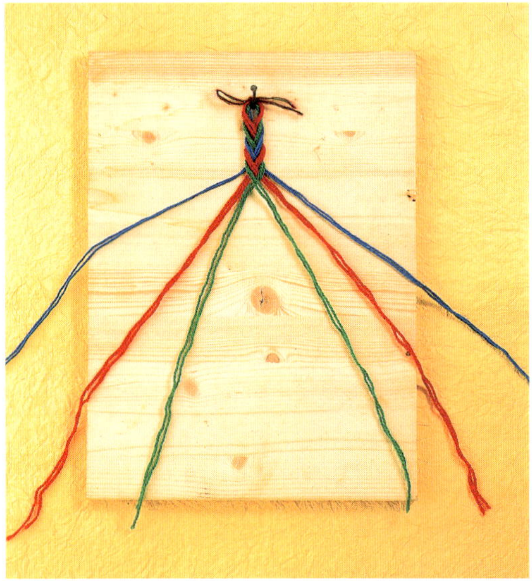

Die beiden äußeren Fäden bzw. Fadenbündel immer überkreuz zur Mitte führen.

Freundschaftsbändchen

Stelle 2 gleiche Armbänder her. Eines behältst du selbst, das andere schenkst du deinem besten Freund oder deiner besten Freundin. Daher der Name!

Pro Bändchen brauchst du 6 Fäden, immer 2 Fäden in der gleichen Farbe, die zusammen ein Bündel bilden. Jeder Faden ist 1 m lang. Lege die Fäden alle schön glatt nebeneinander und binde einen anderen, kurzen Faden um die Mitte des Bündels. So bleiben alle Fäden zusammen. Später wird dieser Hilfsfaden wieder entfernt. Nun lege das Bündel um den Nagel an deinem Arbeitsbrett. Jetzt liegen links und rechts vom Nagel 6 gleich lange Fäden. Sortiere die Fäden, so dass immer die beiden Fäden einer Farbe zusammenliegen. Nun kannst du mit dem Flechten beginnen:
Die beiden äußeren Fäden gleicher Farbe nacheinander über Kreuz zur Mitte legen. Es ist egal, ob du links oder rechts anfängst. Dann die beiden nächsten äußeren Fäden ebenso über alle anderen Fäden zur Mitte führen und dort über Kreuz legen. So geht es nun immer weiter. Reihenfolge der Farben einhalten, sonst gibt es ein Durcheinander. Sehr fest und gut gespannt flechten, denn das Band soll schmal und fest werden. Ab und zu am Handgelenk abmessen, damit das

Fertiger, locker geflochtener Chinesenzopf.

Freundschaftsbändchen, fest geflochten.

Band die richtige Länge bekommt. Zum Zusammenbinden brauchst du später 2 schmale Zöpfe von ungefähr 7 cm Länge. Deshalb flechte zum Schluss links und rechts je ein schmales Band in der ganz normalen Zopftechnik, also mit nur 3 Fadenbündeln. Die Enden mit Knoten versehen. Nun nimm das Bändchen von dem Nagel ab. Durch die Schlaufe, die sich oben gebildet hat, ziehe einen der dünnen Bindezöpfe. Er bleibt jetzt immer in der Schlaufe. So kannst du die Weite beim An- und Abbinden am Handgelenk regulieren.

Lesezeichen

Dieser Chinesenzopf ist etwas für Leseratten, denn er macht sich gut als Lesezeichen in einem Buch. Im Gegensatz zu dem vorher beschriebenen Armband haben wir ihn ganz locker geflochten, so ist er schön flach geworden. Ein fester, dicker Zopf würde ja dem Buch schaden! Nach der Fertigstellung kannst du den Zopf zusätzlich noch ganz platt bügeln. Feuchte dazu ein Taschentuch an und lege es zwischen Zopf und Bügeleisen. Die Enden kann man, wie beim Armband beschrieben, in 2 normale Zöpfe flechten und eventuell noch ein paar Glasperlen anknoten. In die Schlaufe oben haben wir

eine bauschige Quaste gehängt.
Das abgebildete Lesezeichen besteht wieder aus 6 Fäden, 2 roten, 2 blauen und 2 grünen, je 1 m lang. Flechten, wie beim Freundschaftsbändchen beschrieben und abgebildet, nur, wie gesagt, viel lockerer.

So macht man Quasten

Quasten sind sehr dekorativ und als Abschlüsse von Bändern und Schnüren aller Art zu gebrauchen.

Material und Werkzeug: Wollfäden, ein Stück Karton, Schere, Nadel mit großem Öhr

Schneide zuerst ein Papprechteck aus, ungefähr so hoch, wie die gewünschte Quaste werden soll. Unser Papprechteck ist zum Beispiel 7 cm hoch und 6 cm breit. Nun wickle die Wolle darum. An einer Kante einen Faden durchziehen, verknoten und abstreifen! Etwa 1,5 cm unterhalb des

Oben: Locker geflochtenes Lesezeichen mit einer Quaste.
Unten: Enstehung einer Quaste.

Kordelknotens einen Wollfaden sehr fest um die Quaste wickeln. Er sollte sich farblich von der Quaste absetzen. Fadenende einfädeln und gut nach innen ziehen, damit das Ganze nicht wieder aufgeht. Dann unten aufschneiden. Die Quaste mit der Schere etwas begradigen.

5. Märchenwolle, ungesponnene Wolle

Aus einem Bausch ungesponnener Wolle kannst du alle möglichen Gebilde zupfen und formen. Dünne Stränge, aus einem solchen Bausch herausgelöst und lang gezogen, lassen sich zu Figuren wickeln. Aus ganz wenig Wolle kann man zwischen Daumen und Zeigefinger kleine Kügelchen drehen. Wenn man dünne Schleier von verschiedenen Farben übereinander legt, entstehen schöne und neue Farbklänge, ähnlich wie beim Übereinanderschichten von Wasserfarben.

Nun fragst du vielleicht, wie denn das alles zusammenhält, und ob man nicht irgendeinen Kleber braucht? Dazu sage ich dir, dass das die Wolle alles selber kann. An jedem kleinen Wollfaserchen, das du mit bloßem Auge gerade noch erkennst, befinden sich nämlich viele winzig kleine Häkchen. Man sieht sie nur unter einem Mikroskop. Sie verhaken sich ganz leicht ineinander, wenn du zum Beispiel zwei Schleier übereinander legst. Das reicht aber schon aus, damit dein Bild nicht auseinander fällt. Vielleicht kannst du dir diesen Effekt besser vorstellen, wenn du an einen Klettverschluss denkst.

Märchenwolle ist die kostbarste unter den ungesponnenen Wollen. Diesen Namen hat sie deshalb, weil man mit ihr besonders gut märchenhafte Themen gestalten kann und sie die Fantasie anregt. Märchenwolle ist mit

Pflanzensäften gefärbt, daher sind ihre Farben zart und warm.

Ebenso gut kannst du mit ungesponnener, chemisch gefärbter Wolle arbeiten. Hier sind die Farben etwas «härter» und «lauter».

Die Wolle gibt es in so genannten «Kardenbändern» – das sind lange, gekämmte Stränge- und als Vliese, das sind breitflächige, gleichmäßige Matten. Das Bullauge auf Seite 21 ist zum Beispiel aus einem weißen Vliesstück ausgeschnitten.

«Schiffsreise», ein bewegtes Bild

Es sieht vielleicht schwierig aus, wenn man so ein fertiges Bild anschaut. Aber das ist es gar nicht. Das kannst du auch, du musst einfach nur anfangen!

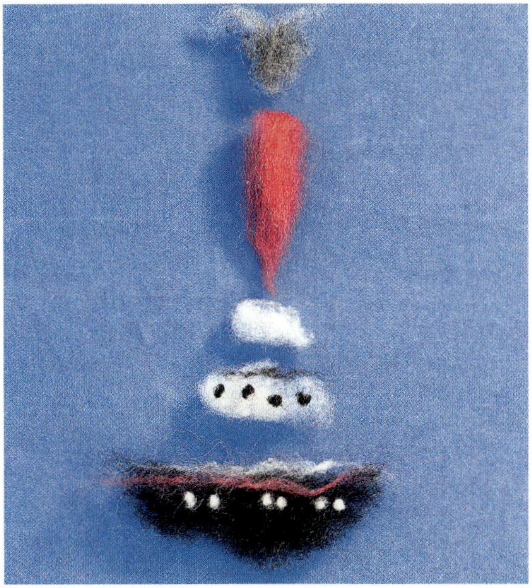

So wird der Dampfer für unsere «Schiffsreise» zusammengesetzt.

Das Schöne an den Märchenwollbildern ist, dass man sie immer wieder verändern kann: Einfach die Wolle abnehmen und anders zurechtzupfen. Dabei kann man nichts kaputt machen oder verderben. Je mehr man probiert, umso mehr Ideen kommen einem!
Die «Schiffsreise» kannst du ungefähr so nachmachen, wie die Abbildungen zeigen. Vielleicht wandelst du sie etwas ab, schließlich wird es *deine* Reise und die Route kann eine ganz andere sein! Bei der Beschaffung des Materials sollten dir deine Eltern helfen.

Material und Werkzeug:
Märchenwolle in Blautönen und anderen Farben, wie Rot, Gelb und Grün, insgesamt etwa 40 g, weiße Vlieswolle für das Bullauge, etwas braune oder graue Vlieswolle für den Vulkan, blauen Wollstoff oder Filz, 58 x 55 cm, Nadel und Faden, Schere. Zur Erinnerung: Vlieswolle gibt es in gleichmäßigen, flachen Matten zu kaufen.

Zupfe aus einem weißen Wollvlies ein rechteckiges Stück heraus, so groß wie der blaue Wollstoff oder Filz. Lege einen normalen flachen Essteller genau auf die Mitte und schneide an seinem Rand entlang den runden Bildausschnitt heraus. Das soll unser Bullauge sein. Dieser Rahmen aus Wolle wird auf den Stoff gelegt. Hefte ihn mit ein paar Stichen an allen vier Ecken an den Stoff, aber bitte an der Rückseite, vorn darf man nichts davon sehen. So kannst du später dein Bild getrost an die Wand hängen, ohne dass die Wolle herunter fällt. An dem blauen Wollstoff können sich die bunten Wollfasern außerdem gut festhaken. Ein Stück dieses Stoffes oder Filzes bleibt übrigens als Himmel sichtbar.
Nun geht es los: Nimm blaue Wolle und forme daraus das Meer. Es reicht ein dünner blauer Schleier. Schön wäre es, wenn du zwei verschiedene Blautöne miteinander mischen würdest. Die Gischt entsteht aus kurzen, weißen Wollflusen, die zu kleinen Bögen geformt auf dem Blau verteilt werden. Schiebe das Meer links und rechts und unten ein wenig unter das Bullauge, dann hält es besser. Vergiss nicht, ein paar kleine Wolkenfetzen

an den Himmel zu drücken. Die Insel kannst du separat zupfen und dann, wenn du mit ihrer Form zufrieden bist, auflegen. Zieh etwas blaue Wolle unten um die Insel herum, so als würden Wellen sie umspülen. Der Palmenstamm besteht aus einem braunen, langfaserigen Wollsträhnchen. Drücke ihn so auf das Bild, dass er etwas windschief aussieht. Danach kommen die Palmenwedel. Du kannst so lange zupfen und formen, bis du zufrieden bist. Dann forme den Dampfer. Wie er aufgebaut wird, zeigt dir die Abbildung. Wichtig ist, dass er ein wenig im Meer versinkt. Öffne dazu die blaue Wolle leicht und schiebe den Dampfer hinein. Vergiss auch nicht den Dampf, der aus dem Schornstein kommt. So macht man die kleinen Bullaugen: Ganz wenig dunkelbraune Wolle zwischen Daumen und Zeigefinger zu Kügelchen drehen und aufsetzen. Sie haken sich ganz von selbst am Untergrund an. Der Vulkan, der später ins Bild kommt, wird aus einem Stück dunkler Vlieswolle ausgeschnitten. Das Feuer macht man aus roten und gelben Wollsträhnchen. Schau dir die Abbildungen genau an und experimentiere etwas herum, dann bekommst du es schon hin.

Merke: Märchenwolle darf nie mit der Schere abgeschnitten werden, dann hätte man scharfe, gerade Schnittkanten und die typische, fließende Wirkung wäre verloren. Märchenwolle also immer nur auseinander zupfen. Dass wir aus den Vliesmatten den Rahmen und den Vulkan ausschneiden, bleibt eine Ausnahme.

1. Bild
Die Schiffsreise ist in vollem Gange. Wir schauen aus dem Bullauge. Da taucht eine Insel auf. Die Palme darauf ist ganz schief und windgepeitscht. Von links dampft ein Ozeanriese heran. Er scheint schneller zu sein als wir.

2. Bild
Der Dampfer hat uns überholt und ist nicht mehr zu sehen. Wir sind auch schon fast an der Insel vorbei.

3. Bild
Weit und breit nichts als Meer und Himmel und der Mond.

4. Bild
Was rückt da ins Bild, etwa ein Wal, ein Felsen oder eine Klippe?

5. Bild
Es ist ein Vulkan, ein feuerspeiender noch dazu. Schnell weiter, bevor das Meer kocht!

Und so weiter …

Nun weißt du, wie man ein bewegtes Bild herstellen kann. Die Veränderungen sind ganz schnell gemacht, wenn man ein bisschen Übung hat. Die Szene, die dir am besten gefällt, kannst du stehen lassen und als Bild an die Wand hängen. Vielleicht fällt dir morgen schon wieder etwas anderes ein und du änderst alles um!

1. Bild

Die Schiffsreise ist in vollem Gange. Wir schauen aus dem Bullauge. Da taucht eine Insel auf. Die Palme darauf ist ganz schief und windgepeitscht. Von links dampft ein Ozeanriese heran. Er scheint schneller zu sein als wir.

2. Bild

Der Dampfer hat uns überholt und ist nicht mehr zu sehen. Wir sind auch schon fast an der Insel vorbei.

3. Bild
Weit und breit nichts als Meer und Himmel und der Mond.

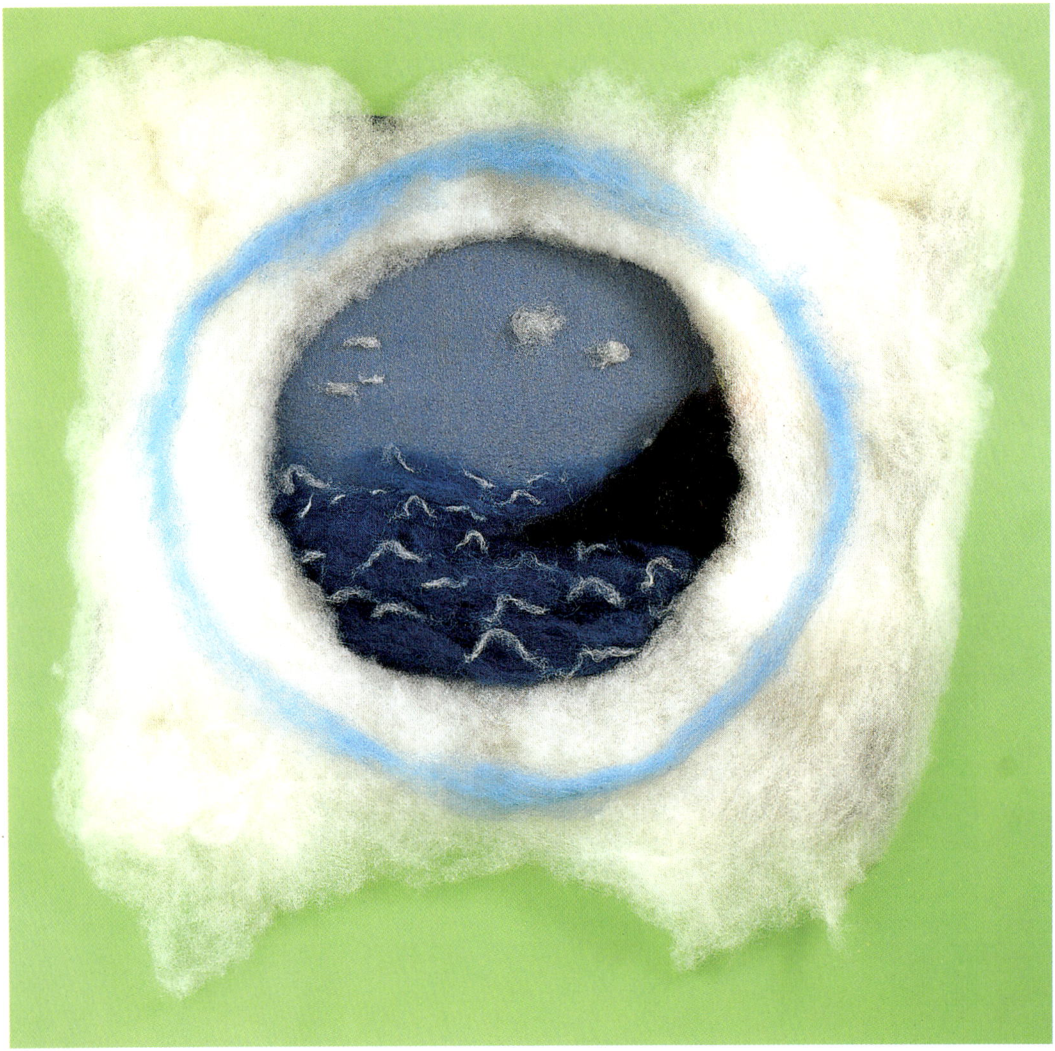

4. Bild

Was rückt da ins Bild, etwa ein Wal, ein Felsen oder eine Klippe?

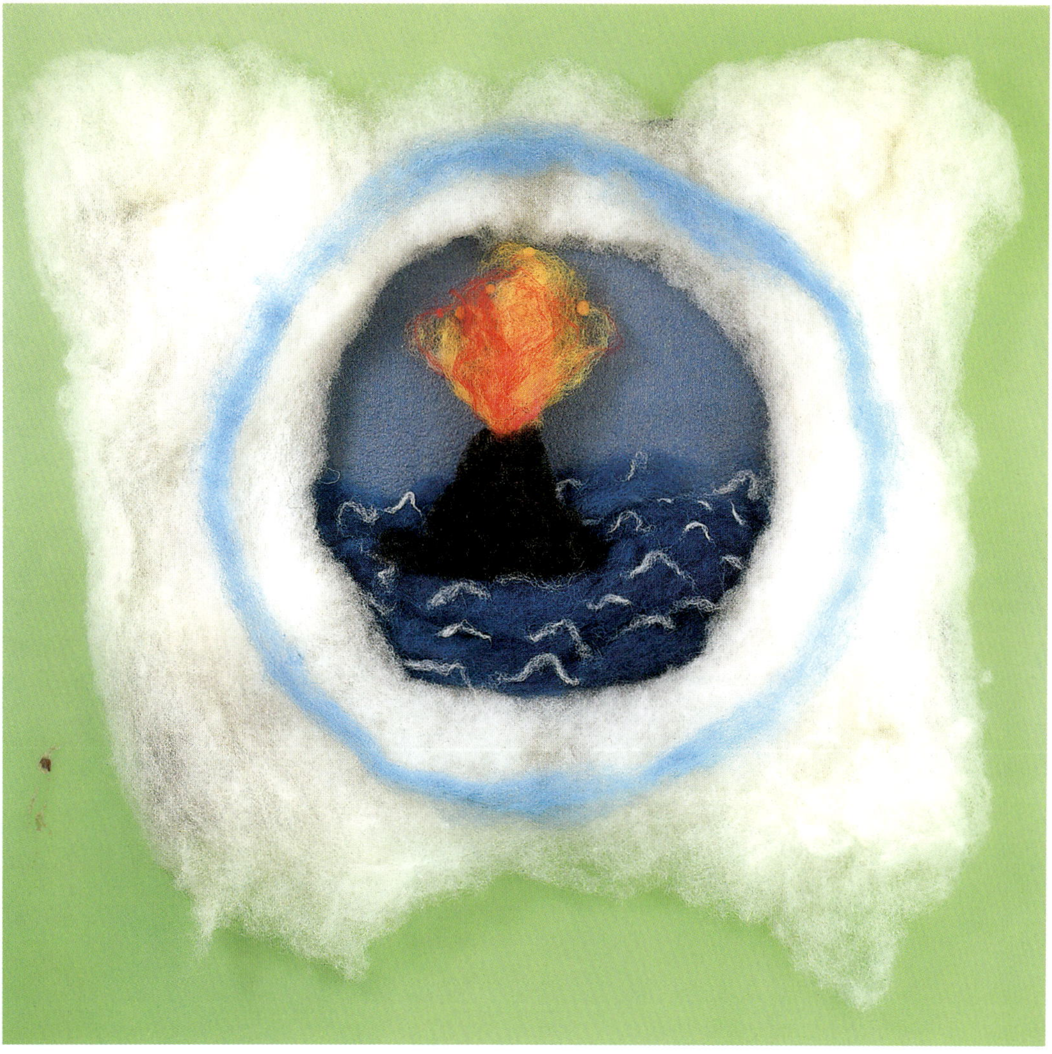

5. Bild

Es ist ein Vulkan, ein feuerspeiender noch dazu. Schnell weiter, bevor das Meer kocht!

Und so weiter …

Spiellandschaft im Seidentuch

Material und Werkzeug: Ein Tuch (am schönsten wäre eine Seidentuch) als Unterlage, Märchenwolle in verschiedenen Farben. Für das folgende Beispiel benötigt man ungefähr 100 g Märchenwolle, vorwiegend in Blau- und Grüntönen, Nadel und Faden für die Spielfiguren.

Das Tuch dient nicht nur als Unterlage, sondern auch zum Aufbewahren und Transportieren der ganzen Kulisse. Nach der «Vorstellung» knotet man es einfach an allen vier Ecken zusammen, und alles ist gut verpackt. Beim nächsten Mal wird es wieder ausgebreitet und mit wenigen Handgriffen zurechtgeformt. So sieht die Landschaft immer etwas anders aus und wird nie langweilig. Der Aufbau dauert nur wenige Minuten.

Merke: Wenn du dann eine Geschichte vorspielst, bewege die Figuren langsam zu deinen Worten.

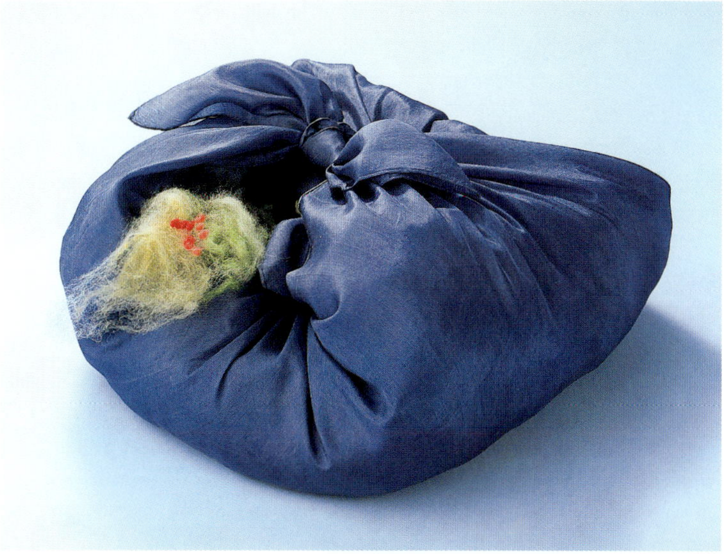

Oben: In diesem Bündel verbirgt sich eine komplette Spiellandschaft.
Unten: Auf dem Seidentuch entfaltet sich eine bunten Märcheninsel.

Die folgende Geschichte zu der Märchenlandschaft auf der vorangegangenen Seite hat sich ein Mädchen ausgedacht. Sie ist nicht zu Ende erzählt, das wollen wir dir überlassen! Die Geschichte und auch die Landschaft sind als eine Anregung gedacht und sollen dich zu eigenen «Schöpfungen» inspirieren.

«Die Insel der sprechenden Hasen»

Die Sonne scheint, der Himmel ist blau. Tom und Tina sind wieder einmal mit ihrem weißen Papierschiffchen unterwegs. Heute treibt sie der Wind in eine ganz fremde Gegend. Aber Tom und Tina sind nicht ängstlich, denn ihr Schiffchen ist kein gewöhnliches, es ist vielmehr ein Zauberboot. Es bringt sie immer wieder sicher nach Hause zurück. So schaukeln sie über den See und sind guter Laune. Da taucht plötzlich eine unbekannte Insel am Horizont auf. Als das Boot näher heranschwimmt, sehen die Kinder, dass die wundersame Insel voller bunter Blumen ist. Manche sind ganz klein, andere fast so groß wie Bäume. Dann sehen sie noch etwas: Unzählige weiße Häschen hoppeln auf der Insel herum. «Das muss die Insel der sprechenden Hasen sein», sagt Tom. Am Ufer sitzt ein ganz kleines Häschen. Tina ruft ihm zu: «Bist du ein sprechendes Kaninchen?» Das kleine Tier stellt die Ohren auf und macht Männchen. Dann antwortet es: «Ja, woher weißt du das?» …

So weit diese Geschichte, nun bist du dran mit dem Weitererzählen!

Spielfiguren, Blumen

Wie man die Püppchen Tom und Tina und die kleinen Hasen macht, zeigen dir die Skizzen. Das Papierschiffchen aus der Hälfte eines ganz normalen weißen Briefbogens kannst du vielleicht schon selber falten. Wenn nicht, lass es dir von einem «Großen» zeigen oder frage einen Klassenkameraden. Die großen Blumen sind mit dem Strickpilz hergestellt. Die Beschreibung findest du auf Seite 12. Die kleinen Blümchen entstanden so: Nimm ganz wenig Märchenwolle und dreh sie eine Weile zwischen Daumen und Zeigefinger, bis ein kleines Kügelchen entstanden ist. Wenn du mehrere zusammenhast, streue sie über die grüne Wollewiese.

Knotenhäschen

lang gezogener Wollstrang.

1. Knoten fest angezogen (Kopf).

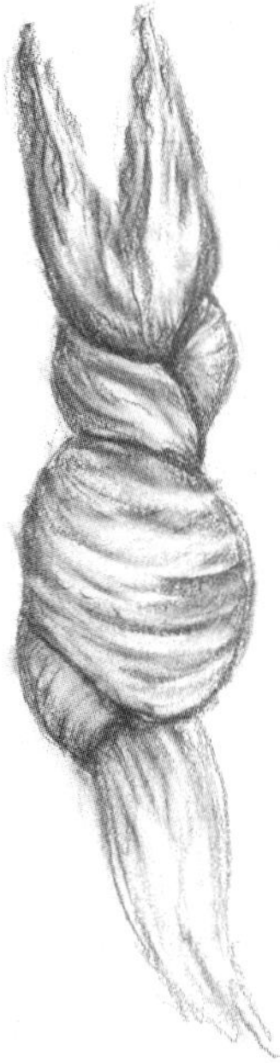

2. Knoten locker darunter (Körper), Ohren teilen.

Das Ende der Wollsträhne in den Körperknoten stecken (Hasenschwänzchen). Bei sehr kleinen Häschen verwendet man dafür eine dicke Nadel.

So wird eine **Puppe aus ungesponnener Wolle** hergestellt. Zum Bewickeln dünne und langfaserige Strähnen wählen.

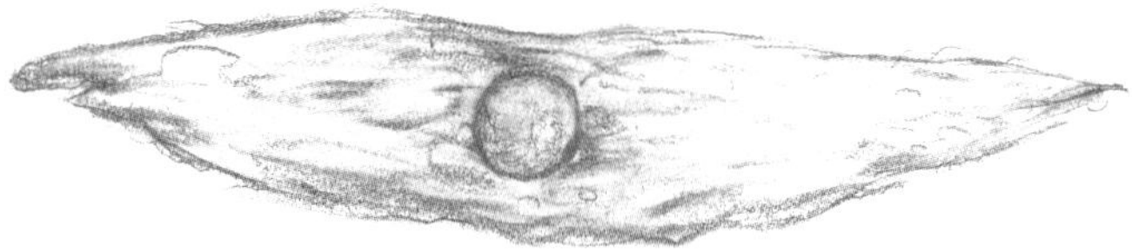

1. Fest gewickeltes Wollkügelchen (Kopf) in einen Märchenwollstrang legen.

2. Kopf abbinden.

3. Arme und Rumpf abteilen.

4. Armstränge umlegen und Arme fest bewickeln.

4.a Mädchenpuppe:
Rock unten umschlagen.

4.b Jungenpuppe:
Beine abteilen und etwas umschlagen.

5. Brust und Rücken kreuzweise «bandagieren».

5.a Mädchenpuppe:
Rock wickeln.
Haare aufnähen.

5.b Jungenpuppe:
Hosenbeine fest bewickeln, zwischen den Beinen «windelartig» wickeln.
Haare aufnähen.

Pompon-Entenküken im Ei

Material und Werkzeug: Ungefähr 10 g gelbe Märchenwolle, etwas orangefarbenen Bastelfilz, 2 kleine, schwarze Perlen, dünne Nadel und Faden, Schere, ein Stück Karton, zum Beispiel die Rückseite eines Schreib- oder Zeichenblockes.

Nach der Skizze 2 gleiche Pappringe ausschneiden. Die Ringe aufeinander legen und fest und gleichmäßig mit der Wolle bewickeln. Die Wolle muss langfaserig sein. Wie es weitergeht, siehst du auf den Abbildungen. Den fertigen Pompon ein wenig beschneiden, falls er zu plusterig ist. Damit sich der Kopf leicht vom Körper absetzt, kannst du mit einer kleinen scharfen Schere eine Schneise als Halslinie einschneiden. Runde die Übergänge etwas ab. Den winzigen Schnabel nach der Skizze aus dem orangefarbenen Filz ausschneiden. Mit wenigen Stichen wird er an den Kopf genäht und gut in den Pompon gezogen, damit der Ansatz verdeckt wird. Den Faden nicht abschneiden, denn damit wollen wir noch die Augenperlen annähen. Dazu den Faden nicht zu fest anziehen, sonst verschwinden die Perlen in der Wolle.

Dann musst du am Sonntag nur noch dein Frühstücksei schön sauber auslöffeln, und dann kannst du das Entenbaby hineinsetzen!

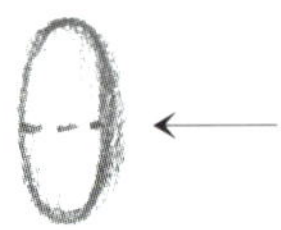

Schnabel einmal ausschneiden, entlang der Linie knicken (Originalgröße).

Bewickeln der beiden Kartonringe

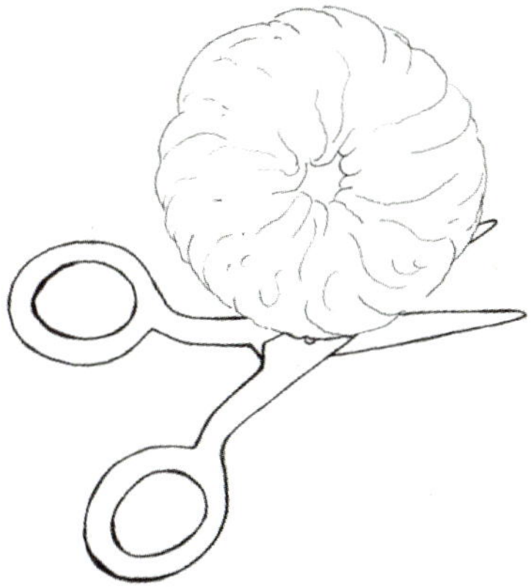

Die Wollschicht wird seitlich aufgeschnitten.

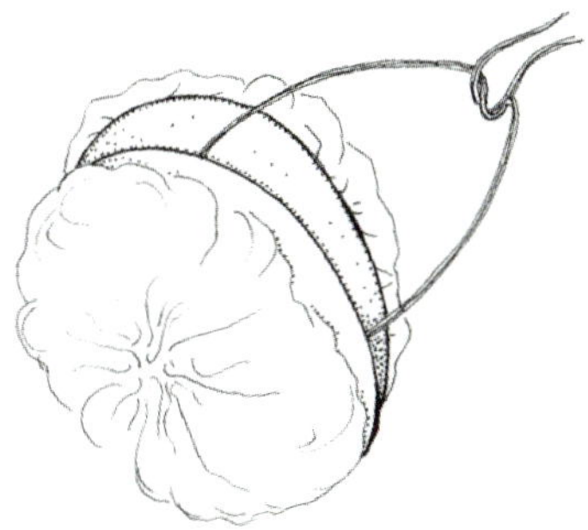

Ein stabiler Faden wird zwischen die Kartonscheiben gelegt und fest zusammengezogen. Anschließend werden die Ringe eingeschnitten und abgestreift.

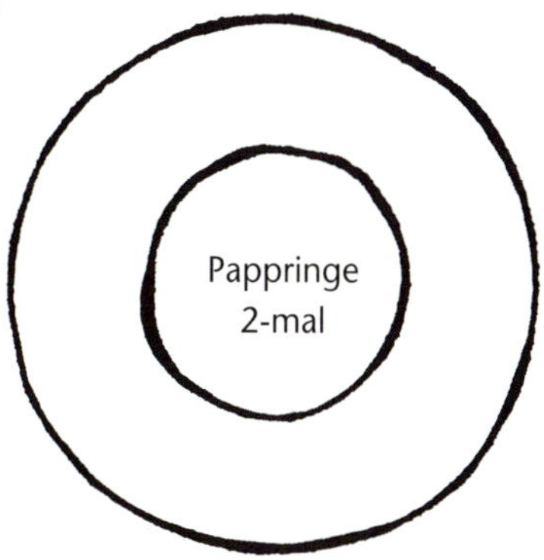

6. Filzen

Filzen ist eine ganz alte Technik der Wollverarbeitung. Dabei entsteht aus ungesponnener Wolle unter Einwirkung von Reibung, Druck, Wärme und Feuchtigkeit eine feste Matte, eben Filz! In Mittelasien stellen einige Volksgruppen bis heute sogar ihre runden Kuppelhäuser, «Yurten» genannt, aus Filz her.

(1) Die Blüte wird aus U-förmigen kleinen Bögen geformt.

Wenn du nun das Filzen einmal selbst ausprobierst, bekommst du einen Eindruck davon, was man mit Hilfe dieser Technik alles aus Wolle machen kann: Flächen, Körper und hohle Gebilde in allen möglichen Formen.
Als Arbeitsplatz eignet sich am besten die Küche oder Waschküche. Im Sommer kannst du auch im Garten oder auf dem Balkon filzen. Der Arbeitstisch sollte Feuchtigkeit vertragen können, denn das Filzen ist eine nasse Angelegenheit. Dann brauchst du noch ein Wischtuch für den Boden,

(2) Blüte mit dem «Gesicht nach unten auf den Karton legen, Stiel und Blätter anfügen.

(3) Das Ganze zuerst mit der blauen, dann mit der weißen Wollschicht bedecken.

(4) Auf die Mitte einen See warmen Wassers gießen, Hände einseifen und vorsichtige reiben und drücken.

(5) Nach etwa 20 Minuten Filzzeit darfst du das Bild vorsichtig umdrehen.

(6) Fertig!

ein Handtuch, Kernseife und einen kleinen Eimer mit heißem Wasser.

Die Wolle, die du zum Filzen verwendest, sollte gut kardiert (egalisiert, gezupft, gekämmt) sein.

Rote Sommerblume

Material und Werkzeug:
Farbige, ungesponnene Wolle (Märchenwolle) und weiße Wolle. Für das abgebildete Bild wurden zum Beispiel ungefähr 40 g Wolle verbraucht, der größte Teil in Blau und Weiß. Des Weiteren brauchst du ein Stück Kernseife, ein Stück Karton, 29 x 21 cm groß und ein Gefäß für heißes Wasser.

Das Kartonstück, auf dem die Wolle verteilt wird, dient als Formatvorgabe. Dein fertiges Bild wird später etwas kleiner sein, denn die Wolle schrumpft ja beim Filzen.

Aber jetzt wird angefangen (siehe Abbildungen auf den Seiten 36 und 37):

Zupfe und forme aus der roten Wolle 10 – 12 Blütenblätter. Dazu nimmst du ein langes, dünnes Strähnchen und formst es zu einem U-förmigen kleinen Bogen oder einer Art Schlinge. Lege alle Bögen zu einer runden Blütenform. In der Mitte, dort, wo sich alle Bogenenden treffen, haken sie sich schon aneinander fest. Dann kannst du aus einer anderen Farbe ebenso viele kleinere Schlingen formen und in die großen hineinlegen, dann sieht deine Blüte später noch prächtiger aus. Ich habe zum Beispiel die großen Blütenblätter aus pinkfarbener, und die kleinen aus dunkelroter Wolle gemacht. Nun forme aus gelber Wolle die Blütenmitte. Dazu wird ein langfaseriger Wollflusen wie eine Schneckennudel mit den Fingern aufgedreht. Lege diese Scheibe mitten auf die Blüte.
Jetzt kommt ein wichtiger Schritt: Lege deine fertige Blüte mit der gelben Mitte nach *unten* auf den vorbereiteten Karton. Keine Angst, sie fällt nicht auseinander, dafür sorgen ja die Wollhäkchen. Die Blüte sollte ungefähr in der oberen Hälfte des Kartons liegen. Aus einem grünen Wollstreifen zupfst du nun den Stiel und legst ihn auf. Ein Stielende sollte ein wenig auf der Blüte liegen. Zwei grüne Blätter kannst du jetzt zurechtzupfen und an den Stiel fügen. Nun bedecke das Ganze mit einer gleichmäßigen Lage blauer Märchenwolle. Darüber kommt dann noch eine Lage weißer Wolle als Abschluss. Es darf nirgends ein Loch oder eine Lücke sein. Deine Blume ist nun ganz verschwunden, denn wir filzen das Bild von der Rückseite aus, so wird das Motiv geschont. Dann gieße in die Mitte einen kleinen See warmen Wassers. Seife deine Hände ganz kräftig ein und beginne, von der nassen Mitte aus, vorsichtig die Wolle zu reiben und zu drücken. Wenn du jetzt irgendwo eine dünne Stelle entdeckst, an der der Karton durchschimmert, so lege etwas trockene Wolle darauf. Gib nach und nach noch mehr warmes Wasser dazu und spar nicht mit Seife. Die ganze Wolllage muss zum Schluss vollständig durchnässt und eingeseift sein. Reibe das Ganze so lange vorsichtig, bis du spürst, wie die Wolle unter

deinen Händen dichter und fester wird, also filzt! Dann musst du energisch und mit mehr Druck arbeiten. Deine Hände sollten immer gut rutschen, also wenn nötig mehr Seife nehmen. Zwischendurch abgekühltes Wasser abdrücken und durch heißes ersetzen. Gib Acht, dass das Stück nicht zu weit über die Pappschablone hinausrutscht, sonst hättest du am Ende einen unförmigen, löchrigen «Wollfladen». Um das zu vermeiden, fahre von Anfang an immer wieder um die Form herum und reibe mehr von außen nach innen als umgekehrt. Wenn du ungefähr 15 – 20 Minuten so gearbeitet hast, ist es Zeit für die «Filzprobe»: Fasse mit Daumen und Zeigefinger den Filz und zieh ihn hoch. Wenn sich nur einzelne Fasern abzupfen lassen, musst du noch 5 – 10 Minuten weiterfilzen. Bei erfolgreicher Filzprobe hebt sich das ganze Stück vom Tisch ab. Dann kommt ein spannender Moment: Du darfst dein Bild umdrehen und endlich die Blume sehen! Sie sollte sich gut mit dem Untergrund verbunden haben. Wenn nicht, so reibe die Rückseite kräftig ein paar Minuten weiter. Zum Schluss kannst du die Bildoberseite auch noch etwas reiben, Seife nicht vergessen. Dann wird das Bild dreimal in kaltem Wasser ausgespült und zum Trocknen ganz glatt auf ein Handtuch gelegt.

Alle Arbeitsschritte kannst du dir auf den Abbildungen anschauen.

Für solch ein Bild solltest du dir einen Nachmittag frei halten, schließlich muss ja hinterher auch alles wieder aufgeräumt wer-

Filzprobe

Wenn man noch Einzelfasern aus dem Filz herauszupfen kann und er sich nicht im Ganzen von der Unterlage abheben lässt, muss noch einen Weile weitergearbeitet werden.

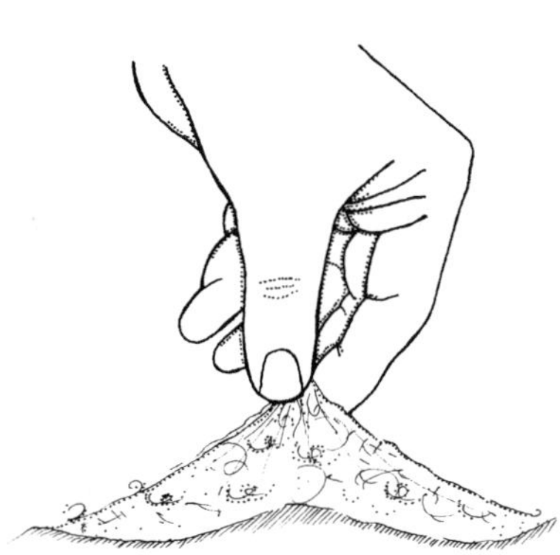

Der Filz ist fertig, wenn sich das ganze Stück mit Daumen und Zeigefinger von der Unterlage abheben lässt, ohne dass sich zu viele Einzelfasern ablösen.

den. Es macht sehr viel Spaß, zu zweit oder zu dritt zu filzen, so entstehen die unterschiedlichsten Blumen, selbst wenn alle die gleichen Farben und dasselbe Format gewählt haben. Also lade deine Freunde einmal zu einem Filz-Nachmittag ein.

Leere Walnuss mit Glöckchen

Die Nuss wird in ein Wollknäuel gewickelt

Zunächst weiße, dann farbige Wolle darumschlagen

Ball mit Glöckchen

Bälle hat man nie genug. Deshalb sollst du heute lernen, wie man einen festen Ball aus Wolle filzt. Wenn er dir gelingt, kannst du ihn zum Jonglieren oder Dosenwerfen verwenden. Ist er einmal schmutzig geworden, dann seife ihn einfach ein und spüle ihn hinterher wieder gründlich aus.

Zum Einseifen und Filzen vorbereitet

Der fertige Ball

Material und Werkzeug:
Weiße und farbige, ungesponnene Wolle, alte Wollreste und Stoffstreifen, 2 leere Walnusshälften oder einen alten Tischtennisball, 1 Messingglöckchen, Kernseife, Gefäß für heißes Wasser.

Zur Orientierung:
Die abgebildeten Bälle wiegen ungefähr je 70 g und haben einen Umfang von 24 cm. Im Ganzen solltest du mit einer Arbeitszeit von etwa 40 Minuten rechnen.

Das Messingglöckchen in die Walnusshälften legen. Noch besser klingt es später, wenn du das Glöckchen in einen alten Tischtennisball steckst: Einen Schlitz in den Ball schneiden und das Glöckchen hineinzwängen. Vorsicht: Nicht abrutschen und in die Hand schneiden! Nun das Ganze, ob Walnuss oder Tischtennisball, in einen Stoffstreifen fest einwickeln. Anschließend mit alten Wollfäden fest bewickeln wie ein rundes Knäuel. Wenn die gewünschte Ballgröße fast erreicht ist, wird die weiße, ungesponnene Wolle breitflächig darumgewickelt und mit warmem Wasser durchnässt. Zum Schluss die farbige, ungesponnene Wolle in mehreren dünnen Lagen um diesen «Knödel» ziehen. Das ergibt später ein marmoriertes Muster. Nun tauche deine Hände mitsamt des Wollknödels in warmes Wasser. Lege den Knödel kurz beiseite und seife deine Hände kräftig ein. Dann ergreife ihn wieder und rolle, forme und drücke ihn zwischen deinen Händen. Das muss am Anfang sehr vorsichtig geschehen. Spare nicht mit Wasser und Seife. Wenn du ein paar Minuten so gearbeitet hast, spürst du, wie die Kugel allmählich fester und runder wird. Dann erst darfst du kräftiger drücken und rollen. Zwischendurch die Kugel immer wieder in warmes Wasser tauchen und die Hände neu einseifen. Je mehr sie filzt, umso energischer musst du drücken, kneten und reiben. Das ist eine gute Handmassage! Stell dir vor, du wolltest einen ganz harten Schneeball machen. Zum Schluss, wenn der Ball fertig ist, wird er unter fließendem kaltem Wasser gründlich ausgespült und ausgedrückt. Er ist schneller trocken, wenn man ihn in der Waschmaschine ausschleudert.

Handwärmer

Etwas für kalte Wintertage ist dieser Handwärmer. Im Inneren steckt ein Kieselstein. Der Handwärmer wird auf der Heizung oder im Backofen aufgewärmt. Dann steckt man ihn in die Jackentasche und hat eine wunderbare Wärmequelle.

Material und Werkzeug:
Ungesponnene, farbige Wolle, einen glatten, etwas länglichen Kieselstein, der noch gut von der Hand umschlossen werden kann, Kernseife und warmes Wasser.

Rechts: Zwei Handwärmer.
Unten: (1) Kieselstein in die Wolle wickeln, danach einseifen und filzen.
(2) Fertiger Handwärmer.

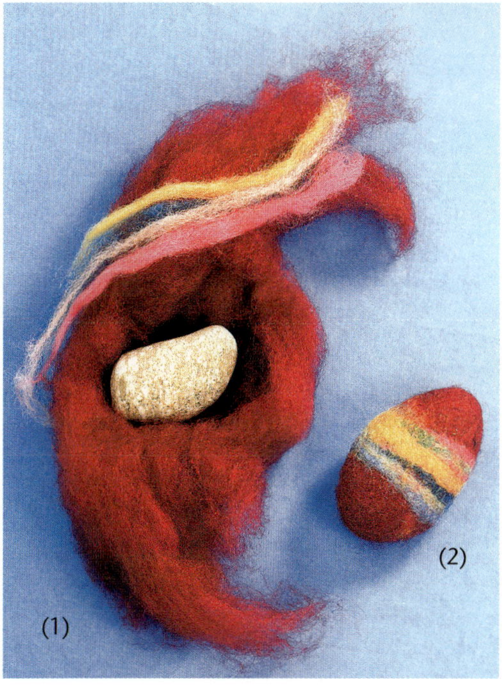

Den sauberen Stein in die ungesponnene Wolle einschlagen und einwickeln. So viel Wolle verwenden, dass der Stein an keiner Stelle mehr durchschaut. Als letzte Lage bunte Wollsträhnchen um das Päckchen wickeln, denn dieser «Handschmeichler» soll auch gleichzeitig ein «Augenschmeichler» sein. Nun wird so weitergearbeitet, wie schon beim Glöckchenball beschrieben: Also die Hände samt Stein in warmes Wasser tauchen, einseifen, zunächst sanft reiben und rollen und so weiter ... Bitte nachlesen bei «Ball mit Glöckchen». Im Gegensatz zum Ball ist die Wollschicht hier nicht so dick, daher ist solch ein Handschmeichler schneller fertig. Er muss ja nicht so lange und kräftig geknetet werden. Achtung: Den Stein darfst du zum Schluss natürlich *nicht* wie den Ball in der Waschmaschine ausschleudern!

7. Urweben

Jetzt zeige ich dir eine ganz einfache Webtechnik an einem ebenso einfachen Rahmen aus Ästen. Es ist eher eine Flechttechnik, eine Vorstufe des eigentlichen Webens. Es macht besonders viel Spaß, weil man dabei nach Herzenslust herumprobieren kann. Obendrein bekommst du einen schönen und originellen Wandschmuck für dein Zimmer.
Beim Weben stellt man durch Überkreuzen von Fäden einen flachen Stoff her. Man braucht dazu zum einen die so genannten Kettfäden, die senkrecht gespannt sein müssen, zum anderen die waagerecht verlaufenden Schussfäden. Sie werden immer abwechselnd über und unter einem Kettfaden durchgezogen oder «geschossen», wie es in der Webersprache heißt.

Material und Werkzeug:
4 Äste zum Bau des Rahmens, Bast oder Bindfaden, stabile Wolle, zum Beispiel Strumpfwolle oder dünne Paketschnur als Kette, verschiedene Wollsorten und andere Naturmaterialien nach Wunsch (Zweige, Schilf, Gräser) als Schuss, Taschenmesser, eine Web- oder Flechtnadel aus dem Handarbeits- oder Bastelgeschäft, Schere, eventuell einen grobzinkigen Kamm zum Andrücken des Gewebes.

Rahmen bauen und bespannen:
Zuerst wird der «Urwebrahmen» aus 4 Ästen, die du dir draußen suchst, gebaut. Am besten schneidest du mit dem Taschenmesser Vertiefungen aus den Ästen heraus und zwar an den Stellen, wo sie aufeinander liegen sollen. Vielleicht gibst du noch einen Tropfen Holzleim in die Mulden. Die Überkreuzungspunkte mit Bast oder Bindfaden fixieren. Wenn du es besonders stabil machen möchtest, kannst du vorher noch einen kleinen Nagel einschlagen. Denk daran, dass dein Rahmen mit dem späteren Gewebe eine Einheit bilden soll, man löst das Gewebe also nicht heraus. Baue ihn daher sorgfältig.

Gewebe im indianischen Stil mit Federn, Perlen, Knochen und Kräutern.

Dann werden die Kettfäden zwischen dem unteren und oberen Ast gespannt. Sie sollten möglichst alle die gleiche Spannung haben. Verwende reißfestes Garn, zum Beispiel eine Wollsorte, die gut gezwirnt ist (Strumpfwolle), oder dünne Paketschnur. Nimm einen schmalen Pappstreifen (oder eine Holzleiste) und lege ihn unten zwischen die Kettfäden. Schiebe ihn so ein, dass immer ein Kettfaden darüber und der nächste darunter zu liegen kommt. Jetzt hast du eine gerade Anfangskante zum Weben. Diesen Streifen kannst du später wieder entfernen oder du bemalst ihn so wie ich und lässt ihn als ein weiteres Schmuckelement im Rahmen stecken.

Überlege dir, wie dein Webstück ungefähr aussehen soll. Du könntest zum Beispiel eine Farbabstufung weben, mit der dunkelsten Farbe anfangen und nach oben hin immer heller werden. Vielleicht möchtest du aber auch mit verschiedenen Wollarten, gesponnenen wie ungesponnenen, experimentieren. Lass deiner Fantasie freien Lauf und webe andere Materialien wie Gräser, Zweige, Federn mit ein.

Dicke Wollfäden oder ungesponnene Wollflusen kannst du nur mit den Fingern verweben und einstopfen. Zum Weben mit dünnen Fäden benutzt man am besten eine lange Web- oder Flechtnadel. Damit wird der

Schuss durch die Kette geführt: Einmal über den Kettfaden, dann unter den nächsten Kettfaden hindurch, wieder über den folgenden und so weiter, bis die Reihe fertig ist. Mit den Fingern oder einem grobzinkigen Kamm drückst du den Faden nach unten. Nun geht es wieder zurück: Lege den Schussfaden in einem Bogen um den Randkettfaden und webe deinen Faden ein wie eben beschrieben. Aufgepasst: Wenn in der vorhergehenden Reihe dein Schussfaden über dem Kettfaden verlief, so muss er nun darunter durchgeführt werden, sonst gibt es ja keine Fadenverkreuzung. Auch an den Seiten des Gewebes, an den so genannten Webkanten, solltest du etwas aufpassen: Ziehst du bei einer neuen Reihe den Schussfaden zu fest an, entstehen hier eine «Taille» oder Dellen. Ziehst du zu locker durch, bleiben am Rand Schlaufen stehen. Ist ein Schussfaden verbraucht, legst du den neuen einfach einige Zentimeter parallel über das Ende des alten, dann gibt es auch kein Loch.

Hinweis:
Bei sehr dickem Material kann man auch einmal einige Kettfäden überspringen oder unterlaufen. Wenn man einen locker eingelegten Schussfaden an manchen Stellen etwas herauszieht, ergeben sich Schlingen.

Gewebe im indianischen Stil

Zusätzlich zu den verschiedenen Wollfäden haben wir Federn, Knochen, Perlen und Lederschnüre in dieses Gewebe eingefügt. So erinnert es ein wenig an die Kunst der nordamerikanischen Prärie-Indianer.

Dieser Vorschlag soll dich zu eigenen Schöpfungen anregen. Wie gern würde ich einmal bei dir vorbeikommen und mir anschauen, was dir eingefallen ist!

8. So entsteht ein «Woll-Tipp»

Wenn du dir solch einen lustigen Zwerg wünschst, sollte dir jemand helfen, der sich mit dem Stricken und Filzen schon gut auskennt und auch sonst geschickte Hände hat. Man sollte ungefähr 3 Tage Arbeit einplanen. Das Stricken des Anzugs, Nähen der Schuhe, Filzen des Hutes und des Kopfes braucht seine Zeit. Dafür bekommst du aber einen drolligen kleinen Gesellen, an dem du lange deine Freude hast und den es nirgends zu kaufen gibt! Unser Tipp ist (mit Hut) 20 cm groß und wiegt alles in allem 80 g.

Material und Werkzeug:
Biegeplüsch (Veloursdraht), ca. 110 cm. Veloursdraht gibt es im Bastelgeschäft in Stücken von 50 cm, ungesponnene Wolle (Märchenwolle) in Ocker, Grün und Mittelrot, Filz aus dem Bastelgeschäft in Grün und Schwarz (Schuhe), Strumpfstrickwolle, Farben nach Wunsch zum Stricken des Anzugs, Sticktwist in Schwarzbraun und Weinrot zum Sticken von Augen und Mund, roten Farbstift (Wangenrouge), Nadelspiel 2 1/2, dünne Nadel und Nähseide, lange Sticknadel, dicke Nadel mit großem Öhr, kleine Zange, Schere, Kernseife, Gefäß für heißes Wasser, ein Stück Karton.

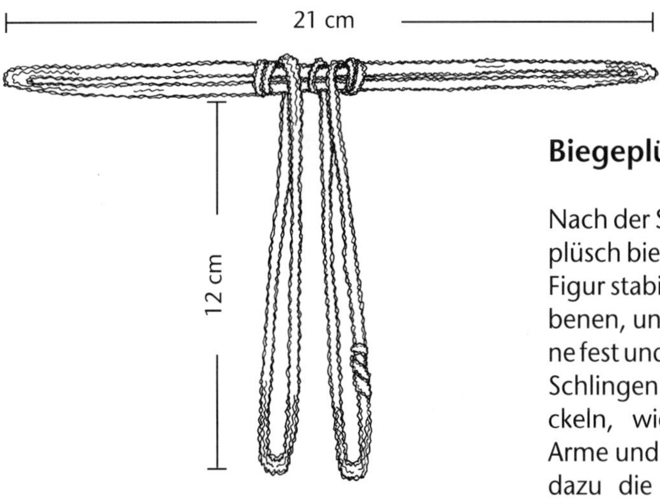

Gerüst aus doppeltem Biegeplüsch.

Biegeplüsch bewickeln

Nach der Skizze den Veloursdraht bzw. Biegeplüsch biegen. Er liegt doppelt, dann wird die Figur stabiler. Mit der langfaserigen, ockerfarbenen, ungesponnenen Wolle Arme und Beine fest und gleichmäßig bewickeln: Zuerst die Schlingen der Hände und Füße separat bewickeln, wieder zusammendrücken, danach Arme und Beine vollständig bewickeln. Siehe dazu die Abbildungen! Anschließend den Rumpf ebenfalls sehr fest, kreuz und quer,

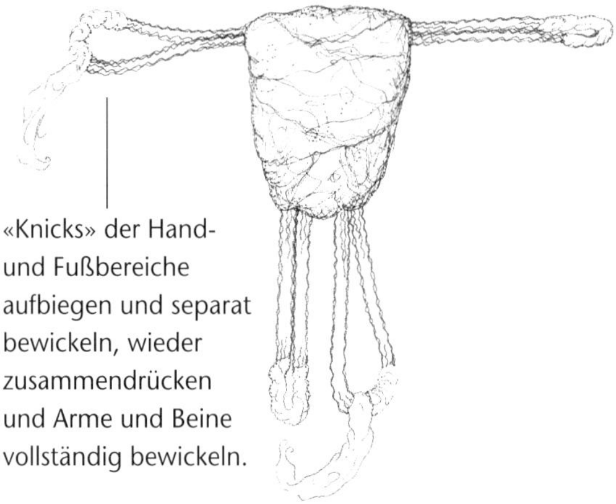

«Knicks» der Hand- und Fußbereiche aufbiegen und separat bewickeln, wieder zusammendrücken und Arme und Beine vollständig bewickeln.

windelartig zwischen den Beinen, kreuzweise um Brust und Rücken bewickeln. Nicht zu wenig Wolle verwenden und nicht zu locker wickeln, denn an der Brust wird später der relativ schwere Kopf befestigt.

Anzug stricken

Nadelspiel 2 1/2, Maschenprobe: 14 Maschen auf 5 cm

- 48 Maschen anschlagen, auf das Nadelspiel verteilen, 35 Runden stricken.
- Dann mit je 2 Nadeln hinten und vorn je 10 Reihen weiterstricken, so entstehen Brust- und Rückenteil sowie die Armlöcher.
- Anschließend alle Maschen wieder auf 4 Nadeln des Nadelspiels verteilen (12 Maschen pro Nadel) und wie am Anfang 10 Runden rund weiterstricken.
- Durch alle Maschen einen Faden ziehen, fest zusammenziehen, vernähen.

Ärmel

- 25 Maschen anschlagen, mit 2 Nadeln 32 Reihen stricken, abketten, die Seiten zusammennähen. Am Bündchen entsteht ganz von selbst ein «Rollrändchen».
- Ärmel *noch nicht* an den Anzug nähen!

Bauchtasche

- 15 Maschen anschlagen, 12 Reihen stricken, abketten.
- Bauchtasche erst dann an den Anzug nähen, wenn der Kopf angebracht ist, dann kann man die Position besser bestimmen.

Der Anzug mit Ärmeln und Bauchtasche wird gestrickt.

Das kleine Wollknäuel bildet das Innenleben des Kopfes, der gefilzt wird.

Fertig gebogenes Drahtgerüst.

Die Wolle liegt zum Bewickeln bereit.

Fertig gefilzter Kopf. Die separat gefilzte Nasenkugel ist bereits angenäht.

Fertig gewickelter Körper.

Flache, handgefilzte «Matte» zum Ausschneiden der Ohren.

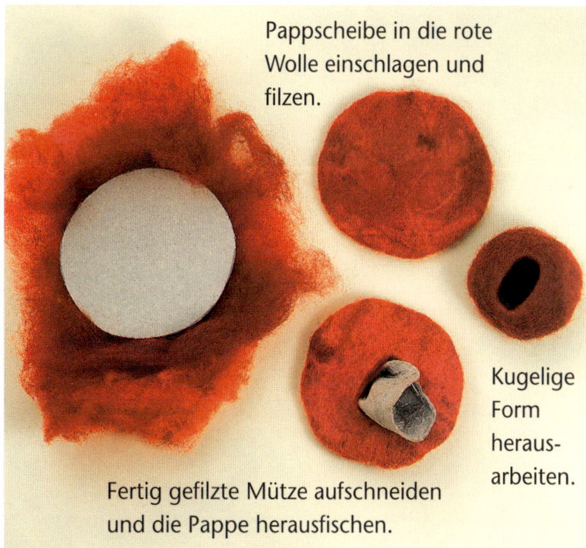

Pappscheibe in die rote Wolle einschlagen und filzen.

Kugelige Form herausarbeiten.

Fertig gefilzte Mütze aufschneiden und die Pappe herausfischen.

Dieser Ärmel wird noch übergezogen und angesetzt.
Schuhschnitte und Sohlen:
(1)
Fertig gefilzte «Beeren-Mütze»
ausgeschnittene Filzohren
Die Bauchtasche wird zum Schluss aufgesetzt.
(2)

So sieht das Ganze von der Seite aus.

Nun den Anzug über die fertig bewickelte Drahtfigur ziehen, wobei das zusammengezogene Teil oben, an den Schultern zu liegen kommt. Aus der offenen Seite schauen die Beine hervor. Jetzt könnte man noch ein wenig Wolle um den Bauch wickeln, denn der Zwerg sollte mollig sein. Dann den Anzug zwischen den Beinen mit ein paar Stichen zusammennähen. Die Hosenbeine mit den Rollrändchen bilden sich dabei ganz von selbst. Danach die Ärmel über die Arme ziehen und rundherum an den Anzug nähen. Der Rumpf ist nun fertig, wir legen ihn beiseite, denn jetzt ist der Kopf an der Reihe.

Kopf filzen

- Aus Wollfäden ein sehr festes Knäuel wickeln, etwas größer als eine Walnuss.
- Dieses Knäuel in langfaserige, ockerfarbene, ungesponnene Wolle möglichst fest einschlagen.
- Die Kugel durchnässen und eine weitere Lage Wolle glatt darumwickeln. Der fertige Kopf soll später einen Umfang von 14 – 15 cm haben.
- Nun kann mit dem Filzen begonnen werden. Bitte nachlesen auf Seite 40 «Ball mit Glöckchen».

- Sollte der Kopf später zu klein geraten sein, schlägt man zusätzlich Wolle darum und filzt das Ganze noch einmal. Ist er zu groß und zu weich, heißt es, noch eine Weile kräftig zwischen den Händen rollen, kneten und drücken.

Nase

- Aus der ungesponnenen, ockerfarbenen Wolle ein kleines, festes Knäuel wickeln und zwischen den Handflächen mit Hilfe von warmem Wasser und Seife zu einer harten Kugel filzen. Das dauert etwa 10 Minuten.
- Die Nasenkugel gleich, noch in feuchtem Zustand an den Kopf nähen. Nähseide verwenden und viele winzige Stiche machen. Sehr fest nähen, so dass die Nase ganz eng am Gesicht anliegt und nicht wie eine Kugel locker obenauf sitzt! Bei der Platzierung darauf achten, dass die Nase nicht zu hoch rutscht, sonst wird die Stirn zu niedrig und der Platz für Augen und Mütze zu gering. Eine hohe Stirn lässt außerdem das Gesicht freundlicher und offener aussehen.

Ohren

- Etwas ungesponnene, ockerfarbene Wolle zwischen den Handflächen zu einer kleinen festen Matte filzen.
- Ohren daraus ausschneiden (siehe Skizze auf Seite 48), *noch nicht* annähen!

Mütze filzen

- Aus einem Kartonstück einen Kreis mit einem Durchmesser von 11 cm ausschneiden.
- Diese Schablone rundum mit der langfaserigen, mittelroten Wolle beitflächig und gleichmäßig bewickeln und belegen, dabei die Wolle so fest ziehen, wie es geht. Die Schablone wird richtig in die Wolle eingepackt, ohne dass irgendwo ein Loch oder eine dünne Stelle bleibt.
- Dieses Päckchen in warmes Wasser tauchen. Die Hände kräftig einseifen und das Päckchen von allen Seiten ganz vorsichtig reiben und leicht kneten und drücken. Dabei mit den seifigen Händen immer wieder um die Rundungen herumfahren, damit der Hut schön gleichmäßig rund wird. Wer an seiner Spüle eine geriffelte Fläche zum Abstellen des Geschirrs hat, kann diese als Arbeitsplatte benutzen. Die wellige Unterlage unterstützt den Filzprozess. Etwa 20 – 30 Minuten muss der Hut so bearbeitet werden. Je fester und dichter die Oberfläche sich dabei anfühlt, umso kräftiger darf man reiben und kneten.
- Dann schneidet man in der Mitte einen ungefähr 3 cm langen Schlitz in den Filz

(weiter auf Seite 54)

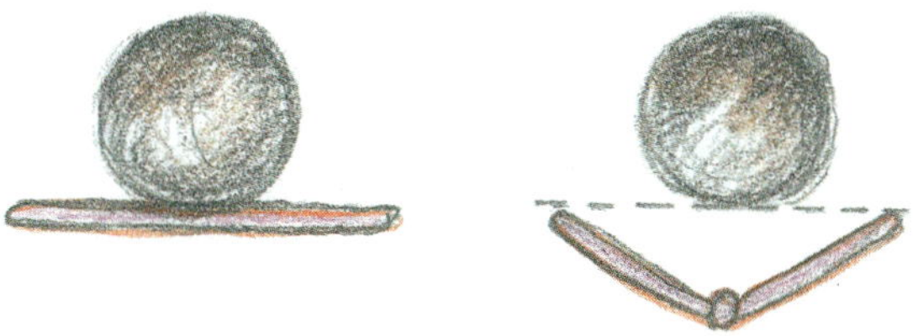

Mund

1. Den Stich direkt unter der Nase anbringen.
2. Stich herunterziehen, mittig mit einem kleinen Stich überfangen.
3. Mund mit überwendlichen Stichen überfangen und dabei rund formen.

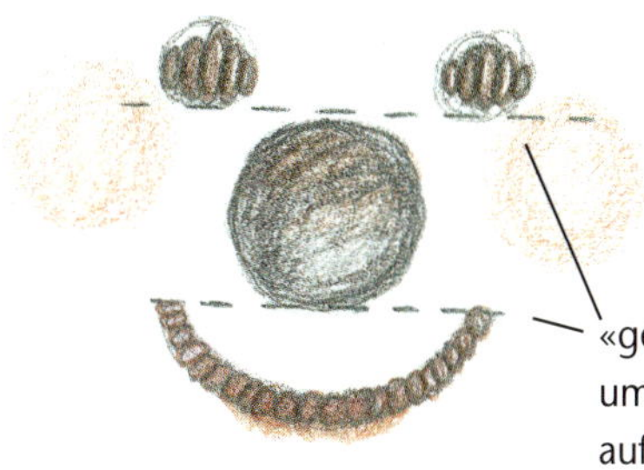

Runde Augen aus verschieden langen Spannstichen und ihre Position zur Nase.

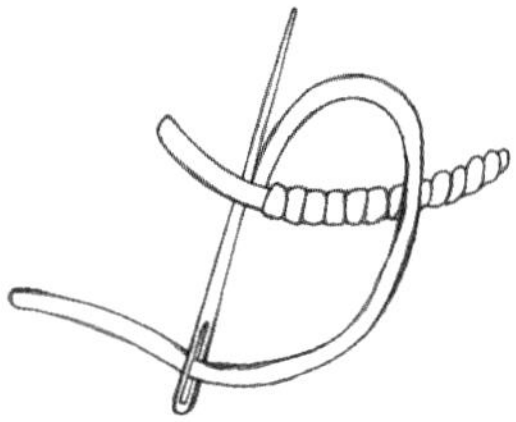

überfangener (umschlungener) Spannstich (Mund)

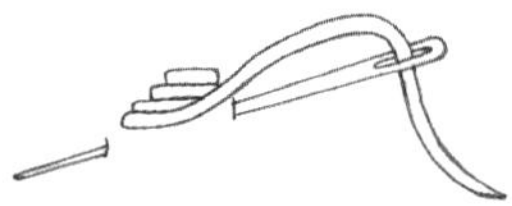

kürzere, eng übereinander liegende Spann- oder Plattstiche (Augen, Mund)

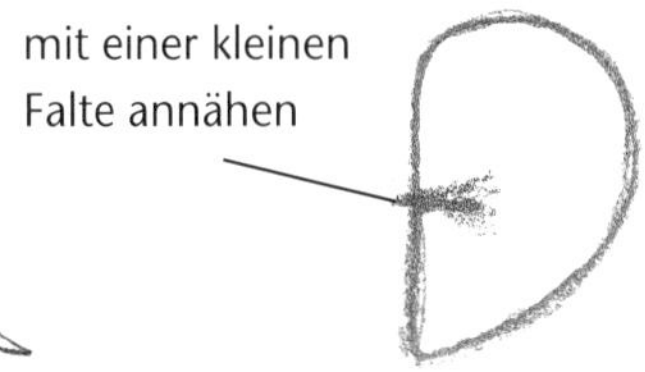

Ohren aus Filz ausschneiden (Originalgröße)

und fischt die aufgeweichte Pappe aus dem Inneren. Diese Schablone hat dafür gesorgt, dass ein Hohlraum entstanden ist und hat nun ausgedient.
- Das Ganze umkrempeln und die Innenseite wie gehabt filzen. Nicht mit warmem Wasser und Seife sparen und eine möglichst kugelige Form herausarbeiten.
- Zum Schluss mit klarem Wasser die Seifenreste gut ausspülen.
- Die schönere Seite bleibt außen. Meistens ist es die frühere Innenseite. Einen grünen Filzstreifen an einem Ende mit einem Knoten versehen und mit Hilfe einer dicken Nadel oben durch den Hut ziehen. Das ist der Stiel unserer «Hut-Beere».

Gesicht, Bart und Haare

- Nun wird der Kopf mit der bereits angenähten Nase wieder zur Hand genommen.
- Als Nächstes sticken wir den Mund. Er besteht aus einem Spannstich aus weinrotem Sticktwist. Dieser Stich liegt zunächst direkt unter der Nase. Dann wird er mittig mit einem knappen Stich überfangen und dabei gleichzeitig nach unten gezogen. So entsteht ein leichter Bogen. Diesen Bogen mit vielen kleinen, eng aneinander liegenden Stichen überfangen. Siehe dazu die Skizzen.
- Die Augen bestehen ebenfalls aus eng aneinander liegenden, sehr kleinen Stichen aus schwarzbraunem Sticktwist. Ihre Position zur Nase sowie die Anordnung der Stiche sind der Skizze zu entnehmen.
- Ein paar Wollsträhnchen als Haare um den Kopf verteilen.

- Den fertigen Kopf an den Körper setzen. Man näht ihn so an, dass er mehr auf der Brust anstatt auf den Schultern sitzt. So entsteht ganz von selbst die typische Zwergenfigur mit buckligem Rücken. Als Anhaltspunkt für die richtige Position dient der zusammengezogene Bereich des Strickanzugs. Er sollte noch gut zu sehen und nicht vom Hinterkopf verdeckt sein. Später kann man noch einige Haarsträhnen darüber zupfen, um die Stelle zu verdecken. Kopf mit vielen kleinen Stichen (Nähseide, doppelt genommen) fest annähen, dabei mehrmals durch die ganze Brust stechen, damit nicht nur der Strickanzug das ganze Gewicht zu tragen hat. Beim Zurückstechen am Rücken darauf achten, dass man den Anzug nicht mit einzieht. Deshalb möglichst *zwischen* die Maschen stechen.
- Als Bart einen langfaserigen, voluminösen Wollflusen in die Nadel mit dem großen Öhr fädeln. Irgendwo am Hinterkopf einstechen, an einem – imaginären – Ohr herauskommen, den Bartflusen um das Kinn schmiegen und am zweiten – imaginären – Ohr wieder einstechen. Anfang und Ende des grünen Wollflusens als Haarsträhnen am Hinterkopf hängen lassen.
- Jetzt erst werden die Ohren angesetzt. Muschelartig formen und fest annähen. Ein paar weitere Haarsträhnchen über den Ohren einziehen und zwischen den Fingern zurecht zwirbeln und – zupfen.
- Die fertige Beeren-Mütze anpassen. Wenn nötig, das Loch vergrößern. Dann wird ausprobiert wie sie am besten aufgesetzt werden soll. Der abgebildete «Tipp» hat seine Mütze zum Beispiel frech auf einem Ohr sitzen. Sie kann natürlich auch ganz anders aufgesetzt werden, so wie es dem Zwerg am besten steht.

- Mütze rundherum mit vielen kleinen Stichen annähen, am besten in zwei Runden.
- Haare heraus zupfen und zwirbeln wie es einem gefällt.
- Mit dem roten Buntstift die Wangen tönen.

Schuhe nähen

- Nach der Skizze die Teile aus dem gekauften, dünnen Filz zuschneiden.
- Oberteile rechts auf rechts zusammen steppen, umkrempeln, Sohle mit überwendlichen Stichen dagegen setzen. Am Schaft einen Faden durchziehen.
- Aus Karton eine Sohle zuschneiden und als Einlage in den Schuh kleben, dann kann der Zwerg besser stehen.
- Füße des Zwerges biegen, Schuhe anziehen, den Faden am Schaft fest zusammen binden, Schaft leicht umschlagen.
- Zuletzt die gestrickte Bauchtasche aufsetzen und mit allerlei Werkzeug füllen, wie es sich gehört, für Tipp, den Bastelzwerg!

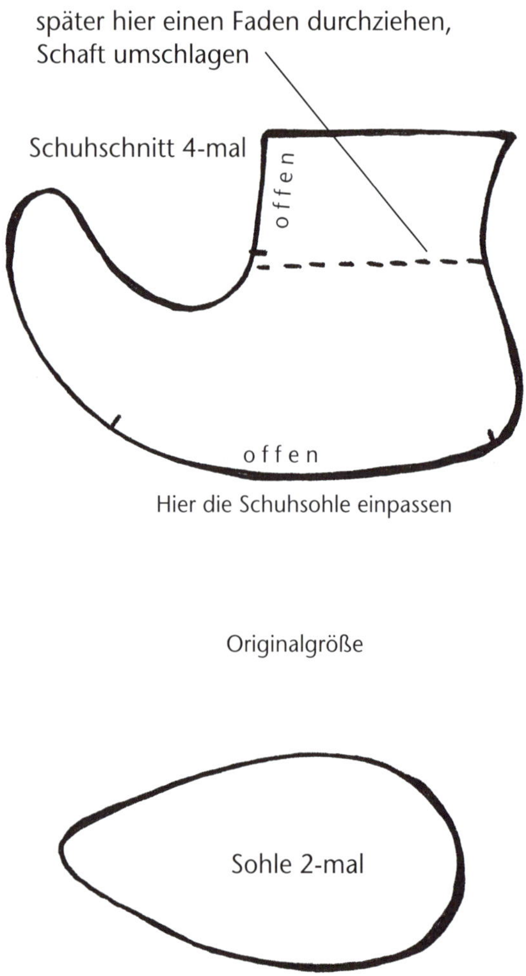

9. Tipps Abschied

So viel für heute!
Polly und ich müssen uns schleunigst auf den Weg machen, denn die Herde ist schon weit voraus. Wenn ich unterwegs wieder etwas Schönes für euch entdecke, womit ihr spielen und basteln könnt, teile ich es euch bald mit, versprochen!

Bis dann,
euer Tipp

Bezugsquellen

Märchenwolle:
Schäfereigenossenschaft Finkhof eG
St. Ulrichstraße 1
88410 Arnach
Telefon (0 75 64) 93 17 11
Telefax (0 75 64) 93 17 12

Märchenwolle,
farbige, chemisch gefärbte Wolle,
Vlieswolle:
Schafwollkämmerei und Wollversand
Gerhard Eischer
Adlerstraße 1
91580 Petersaurach
Telefon (0 98 72) 24 23
Telefax (0 98 72) 24 05

TIPP

Angelika Wolk-Gerche

Mach was Papier
... mit Tipp dem, Bastelzwerg

Mit diesem zweiten Band in der neuen Reihe von Bastelbüchern für Kinder, die von Tipp, dem Bastelzwerg, begleitet werden, möchte Angelika Wolk-Gerche Kindern im Schulalter Anregungen geben, was sich aus Papier alles gestalten lässt.

Aus dem Inhalt:
Die Tipp-Bastelkiste / Gefaltet, geschnitten, geklebt, gewickelt / Papiermaché / Papierschöpfen / Alles aus Pulpe / Tipps Papierschwalbe / Tipps Abschied

Verlag Freies Geistesleben

Angelika Wolk-Gerche

Filzen für Groß und Klein

Schönes und Nützliches aus Wolle.
96 Seiten, durchgehend farbig,
gebunden

Das Filzen wird ohne technische Hilfsmittel seit über dreitausend Jahren ausgeübt, und heute fasziniert es zunehmend mehr Menschen.
Angelika Wolk-Gerche gibt in ihrem Buch eine Einführung in diese Kulturtechnik und zeigt auf anschauliche Weise anhand vieler praktischer Anleitungen, was aus dem Werkstoff Wolle an schönen Dingen gestaltet werden kann. Die Einfachheit der Technik erlaubt es, dass hier auch mit Kindern gearbeitet werden kann.

Angelika Wolk-Gerche

Wir bauen jetzt ein Haus

Ein Werk- und Spielbuch für drinnen und draußen.
120 Seiten, durchgehend farbig, gebunden

Ein Hauptbetätigungsfeld für das Spiel der Kinder, vor a llem im Alter von sieben bis zwölf Jahren, ist das Bauen von Häusern, sowohl im Kleinen wie im Großen.
Angelika Wolk-Gerche gibt in ihrem Buch für dieses Spielbedürfnis der Kinder zahlreiche Ideen und Anregungen: Häuser aus den verschiedenen Kulturen der Welt sowie freie Fantasiehäuser, mit denen sich drinnen oder draußen spielen lässt, werden hier vorgeführt. Mit diesem selbstgemachten Häusern werden die Kinder immer wieder gerne spielen.

Verlag Freies Geistesleben

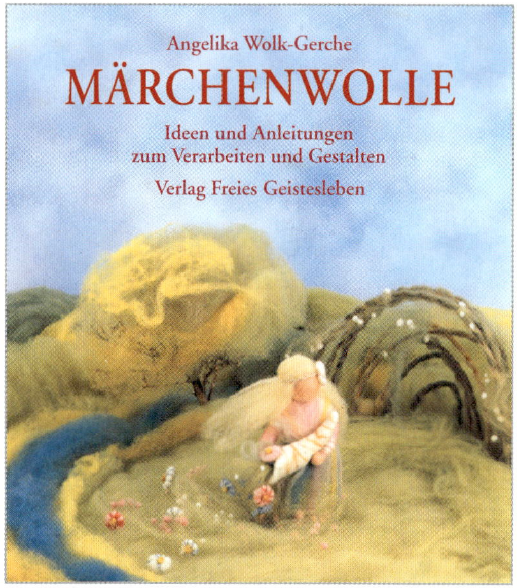

Angelika Wolk-Gerche

Märchenwolle

Ideen und Anregungen
zum Verarbeiten und Gestalten.
80 Seiten, durchgehend farbig, gebunden

Pflanzengefärbte Wolle übt durch ihre zarten Farben und die Durchlässigkeit des Materials eine seltene Faszination aus. Daher entstand der Name Märchenwolle. Sie ist ein so vielseitiges und fantasieanregendes Material, dass die Möglichkeiten der Gestaltung nahezu unerschöpflich sind.
Angelika Wolk-Gerche gibt in ihrem Buch neue Anregungen, was man aus Märchenwolle zusammen mit Kindern alles gestalten kann. Dabei wird auch gezeigt, wie man Märchenwolle selber anfertigen und färben kann.

Verlag Freies Geistesleben

Angelika Wolk-Gerche

Tiere aus Märchenwolle

Ideen und Anregungen
zum Verarbeiten und Gestalten.
80 Seiten, durchgehend farbig, gebunden

Mit diesem Buch wird dem Wunsch vieler nach detaillierten Anleitungen zum Herstellen von Tieren aus Märchenwolle entsprochen.
Angelika Wolk-Gerche zeigt neue Möglichkeiten der Gestaltung mit Märchenwolle. Dabei werden verschiedene Techniken angewandt, sodass sowohl Anfänger wie auch Fortgeschrittene in diesem Buch wertvolle Anregungen finden werden.

Angelika Wolk-Gerche

Zwergenreiche

Geschichten, Spielvorschläge
und Bastelanleitungen
96 Seiten, durchgehend farbig, gebunden

Die Welt der Zwerge und Elementarwesen ist uns heute meist nur noch aus der Volkspoesie bekannt. In den letzten Jahren gibt es aber auch immer wieder Menschen, denen die hellsichtige Wahrnehmung von solchen Wesen möglich geworden ist. Neben der Beschreibung der Welt der Elementarwesen gibt Angelika Wolk-Gerche zahlreiche Anregungen zur Gestaltung von Zwergen zum Spielen und für die Jahreszeitentische.

Verlag Freies Geistesleben